Endlich entspannt!

Mit effektiven Entspannungstechniken Gelassenheit lernen, Stress verringern und Anspannungen nachhaltig lösen - inkl. den besten Tipps zum Stressabbau

Luisa Feldkamp

☃ INHALT

Das erwartet Sie in diesem Buch

In diesem Buch werden Sie etwas über Entspannung und ihren Gegenspieler, die Anspannung – oder auch Stress genannt –, erfahren. Diese Begriffe sind zwar heute in aller Munde, aber häufig wissen wir gar nicht, worüber wir da eigentlich wirklich sprechen oder klagen – und was uns aus unseren, oft unbewusst und selbst geschaffenen, Stresssituationen herausholen und uns langfristig zu einem entspannten und lockeren Alltag verhelfen kann. Um wirklich bewusst in eine sogenannte Entspannung zu gehen, ist es nämlich sehr wichtig, zunächst einmal wirklich zu verstehen, WAS in unserem Körper da überhaupt überspannt, gestresst und unter Druck ist, was also überhaupt „entspannt" werden soll.

In diesem Buch finden Sie keinen Aktions- oder Stufenplan, den Sie abarbeiten müssen, denn eine Abarbeitung von Plänen ist es ja gerade nicht, was Entspannung erschafft oder ausmacht. In diesem Buch lernen Sie zunächst einmal etwas über die Wirkungen von Stress auf Ihren Körper und Ihren Geist, um dann gezielt Ihr eigenes Leben hinsichtlich eigener Stressquellen und geeigneter Entspannungstechniken untersuchen und kennenlernen zu können.

Es gibt bereits viele Entspannungsmethoden und -techniken, die zwar an teilweise ganz unterschiedlichen Punkten des Körpers und Geistes ansetzen, uns aber alle in einen lockeren, leichten und angenehmen Wohlfühlzustand versetzen können. Einige dieser unterschiedlichen Methoden werden in diesem Buch kurz in ihrer jeweiligen Wirkungsweise vorgestellt und Sie erhalten direkt praktische Tipps und Übungsanleitungen, die Sie sofort umsetzen können. Ich empfehle Ihnen, die verschiedenen Techniken einfach einmal – direkt allein oder auch intensiver in einer entsprechenden Gruppe bei Ihnen vor Ort oder online – auszuprobieren und dann spüren Sie selbst am besten, welche Methoden Ihnen gefallen und auch langfristig guttun. Ich lade Sie ein: Lassen Sie sich ein auf Ihre ganz persönliche Reise zur Entspannung und lassen Sie sich dabei vor allem von Ihrem ganz persönlichen Wohlgefühl anleiten. Dieses Buch möchte Ihnen dafür die nötigen Anreize und Hilfestellungen geben.

Warum Entspannung „lernen"?

In der heutigen Zeit ist die „Entspannung" für viele Menschen zu einer Art „Luxus" geworden, zu etwas, was nicht mehr selbstverständlich einfach so passiert. Sondern zu einem Zustand, der gezielt und – mit mehr oder weniger Aufwand verbunden – bewusst herbeigeführt werden muss. Viele Menschen antworten deshalb auch auf die Frage, was Sie sich z. B. in Ihrem Urlaub am allermeisten wünschen, mit der Aussage: „Ich möchte mich einfach mal so richtig entspannen" oder auch „Ich möchte mich einfach nur ausruhen", „Ich muss mich mal wieder so richtig erholen",

„abspannen", „die Seele baumeln lassen" – und vieles anderes mehr. Der Mensch scheint also in seinem alltäglichen Leben kaum die nötige Zeit oder auch die nötige Ruhe zu haben, eine Entspannung als einen normalen Teil seines Alltags zu leben – viel mehr soll die Entspannung auf die Zeit außerhalb des Alltags verlegt werden.

Und dafür gibt es jede Menge Angebote, auf die der entspannungsbedürftige Mensch dann zurückgreifen kann, z. B. Wellnesshotels, Entspannungskurse, Massagen, Waldspaziergänge, Sauna – und einiges mehr.

Sie haben sich – auch von dem Wunsch getrieben, sich zu entspannen – nun dieses Büchlein zur Hand genommen. Wie Sie ja wahrscheinlich bereits wissen, können Sie Ihre ganz eigene persönliche Entspannung völlig autark – mithilfe von ein paar grundsätzlichen Kenntnissen und Methoden – selbst und flexibel, jederzeit und überall, durchführen.

WAS IST ENTSPANNUNG?

Schon das Wort „entspannen" gibt einen eindeutigen Hinweis darauf, was Entspannung eigentlich genau ist, nämlich eine ENT-Spannung, also etwas, das gespannt (oder gar häufig ÜBERspannt ist), wieder zu ENT-spannen, also die vorhandene Spannung aus etwas herauszunehmen und eine Art „Lockerheit" oder „Weichheit" zu schaffen oder (wieder-) herzustellen.

Was genau ist denn da „gespannt"?

Dafür müssen wir uns einmal den Gegenpol von Entspannung anschauen – und das ist die sogenannte Anspannung oder auch „Stress" genannt. Dieses Wort „Stress" haben wir alle viele, viele Male – meist bereits in unserer Kindheit von unseren Eltern – in unserem Leben gehört. Wir hören und benutzen es alle sehr häufig, doch die wenigsten sind sich wirklich darüber bewusst, was Stress überhaupt genau bedeutet, woher er kommt, was er in und mit unserem Körper genau macht. Genau diese Fragen sind aber aus meiner Sicht sehr wichtig, um sich dann im Anschluss auch ganz bewusst mit der „Behandlung" von Stress, also der Ent-spannung, zu beschäftigen und sie für sich selbst wohl-tuend einzusetzen.

WAS IST STRESS GENAU?

Das eigentlich noch recht junge Wort „Stress", das bis in die 1970er-Jahre im deutschen Sprachgebrauch fast unbekannt war, ist eine Übernahme aus dem Englischen und bedeutet „Druck" und „Anspannung". Die lateinische Wurzel des Wortes „stringere" bedeutet „trimmen" (durch wiederholte Anstrengungen in einen bestimmten Zustand bringen) oder anspannen.

Wir spannen also etwas in uns übermäßig an, was wir dann – selbstverständlich – auch irgendwann wieder entspannen möchten. Warum tun wir das eigentlich? Der menschliche Körper ist dazu gedacht, den Menschen, so gut es geht, vor Gefahren zu schützen. Sobald wir also eine Gefahr wittern, schaltet unser Körper automatisch in den „Überlebensmodus", der unseren gefühlten Stress auslöst.

So definiert die Gesundheitsberichterstattung des Bundes Stress als einen „Zustand der Alarmbereitschaft des Organismus, der sich auf eine erhöhte Leistungsbereitschaft einstellt" (2020). In den Ausführungen der Bundeszentrale für Gesundheitliche Aufklärung werden Stressreaktionen als „[...] stereotyp im Körper ablaufende Aktivierungsmuster, die ein Optimum an Energie für unmittelbare Kampf- und Fluchtreaktionen zur Verfügung stellen sollen" benannt. Unser Körper reagiert also auf etwas, was ihm begegnet, mit einer Art automatisch ablaufender Reaktion, er passt sich an eine Situation an. Die Dinge, auf die wir mit Stress reagieren, sind Reize und lassen sich grob in zwei Gruppen unterscheiden, die physischen Reize (z. B. Geräusche, Temperatur) und die psychischen Reize (z. B. Zeitdruck, Meinungsverschiedenheiten).

Wie genau die verschiedenen Reize bei jedem Einzelnen konkret wirken und sich (körperlich) auswirken, hängt sehr stark von den sogenannten persönlichen Stressverstärkern und den eigenen Strategien zur Stressbewältigung ab. Für jeden gilt, dass durch diese Reize der menschliche Körper in eine erhöhte Aufmerksamkeit und Fluchtbereitschaft versetzt wird, was für die Aktivierung des Sympathikus und dadurch für eine Stimulation der Nebennieren, die dann die sogenannten Stresshormone Kortisol, Adrenalin und Noradrenalin ausschütten, sorgt.

Der Sympathikus ist ein Teil des vegetativen Nervensystems des Menschen, der, gemeinsam mit seinem Gegenpart, dem Parasympathikus, unbewusst und völlig automatisch auf unseren Körper einwirkt.

Beide Systeme, das sogenannte sympathische und das parasympathische Nervensystem, wirken gemeinsam aus ihrem Ursprung im menschlichen Gehirn über unsere Nervenbahnen, die unseren Körper durchziehen, auf unsere Organe ein. Der Sympathikus ist zuständig dafür, unseren Körper auf Leistung einzustellen, und stellt alle Energie für Aktivität zur Verfügung. Dahingegen kümmert sich der Parasympathikus um die Regeneration und den Aufbau von neuen Kraftreserven. Auch der sogenannte „Ruhe- und Erholungsnerv", der Vagusnerv, der aktuell auch unter dem Namen „Selbstheilungsnerv" in aller Munde ist, ist ein Teil des Parasympathikus – er ist sogar die Hauptkomponente – und der längste unserer zwölf Hirnnerven. Er verläuft vom Hirnstamm im Kopf über den Hals und die Brust bis zum Bauchraum.

Über Verzweigungen auf seinem Weg durch unseren Körper ist er mit vielen wichtigen Organen verbunden, wie dem Herzen, den Nieren, der Leber, der Milz und den Verdauungsorganen. Aufgrund seiner enormen Bedeutung für das Wohlbefinden des Menschen ist der Vagusnerv Gegenstand zahlreicher Forschungen und wird auch in der klassischen Medizin ganz gezielt genutzt, um beispielsweise Depressionen zu lindern.

Denn, obwohl er im besten Fall völlig automatisch ausgleichend auf unseren Organismus wirkt, kann er auch gezielt aktiviert werden und so zur Selbstheilung des Körpers beitragen. Je nach Situation, in der wir uns befinden, übernimmt also entweder der Sympathikus oder der Parasympathikus das Ruder, und es werden, verbunden mit einer Hormonausschüttung, körperliche Reaktionen in Gang gesetzt.

Bei der Aktivierung des Sympathikus, also in sogenannten Stresssituationen, kommt es zu einer beschleunigten Atmung, einer Anspannung der Muskeln, einem beschleunigten Herzschlag, einer Erweiterung der Pupillen und einer Verlangsamung der Verdauungstätigkeit. Der Körper wird also völlig automatisch auf „Gefahr" und „Flucht" umgeschaltet.

Das hatte bei unseren Vorfahren, die immer mal wieder in eine wahrhaft lebensgefährliche Situation gelangten, seinen berechtigten Sinn.

Es war von unschätzbarem Wert für die Menschen damals, dass sie, sobald ihr System mit der Information „Gefahr" konfrontiert wurde, körperlich in der Lage waren, die Gefahrensituation im sogenannten „Tunnelblick" voll und ganz wahrzunehmen, die körperliche und muskuläre Kraft für die Flucht zur Verfügung zu haben und für die nächste Zeit der anstehenden Flucht und Gefahrenabwehr jegliche Verdauungstätigkeiten hintenan stellen zu können. War die Flucht oder Abwehr gelungen, konnte der damalige Mensch sich wieder in Sicherheit wiegen und der Körper hat seine gewohnten Funktionsweisen wieder aufgenommen.

Es ist also von unserem Körper mehr als gut gemeint, uns bei vermeintlich drohender Gefahr (die für den Urmenschen in uns oft gleichzusetzen ist mit Lebensgefahr) in „Stress" zu versetzen. Diese Einsicht in die so gut gemeinte Hilfe unseres Körpers hilft meines Erachtens sehr dabei, unserem Körper sogar dankbar zu sein und zu erkennen, wie gut er es eigentlich mit uns meint.

Häufig wird „Stress" nämlich verteufelt und als „ungewollt" und „lästig" abgestempelt, als etwas, was es gilt, möglichst schnell loszuwerden. Und wir alle wissen doch, dass genau das, was wir nicht haben wollen, meistens am hartnäckigsten an uns zu kleben scheint. Halten die Stresssymptome bei dem Menschen der heutigen Zeit – wie es leider meistens der Fall ist – über eine längere Zeit an, ohne dass es zu den notwendigen Entspannungsphasen, also einer Aktivierung des parasympathischen Nervensystems, kommt, kann es zu chronischen körperlichen und seelischen Stresssymptomen, wie beispielsweise dem weitverbreiteten Bluthochdruck, kommen, der wiederum das Risiko erhöht, einen Herzinfarkt oder Schlaganfall zu erleiden.

Das Ausmaß und die körperlichen Auswirkungen von Stress sind dabei individuell und hängen vor allem ab von den eigenen Kompetenzen ab, mit Reizen, die

Stress verursachen können, umzugehen. Und diese Kompetenzen lassen sich von jedem jederzeit lernen und entwickeln.

Bevor in diesem Buch die wichtigsten Entspannungstechniken einmal genauer vorgestellt werden, ist es für Sie wichtig, einmal für sich selbst zu schauen und zu untersuchen, welcher „Stress-" bzw. „Entspannungstyp" Sie eigentlich sind. Mithilfe von ein paar Schlüsselfragen können Sie sich selbst auf die Spur kommen und sich selbst in puncto Stress und Entspannung ein bisschen genauer unter die Lupe nehmen.

Eigenes Entspannungsprofil

Wir Menschen sind alle unterschiedlich, wir sind nicht nur bewiesenermaßen genetisch alle verschieden, sondern haben auch seit unserer Geburt eine ganz individuelle Entwicklung durchlaufen.

Wie bereits oben erwähnt, ist es von Mensch zu Mensch ganz unterschiedlich, wie wir mit den uns umgebenden Reizen umgehen und welche sogenannten Stressoren, also Stressauslöser, zu welchen Reaktionen bei uns führen. Zudem ist es auch immer Tagesform, ob wir auf eine äußere Situation gestresst oder entspannt reagieren. Warum wir in den jeweiligen Situationen anders reagieren und handeln, hängt auch wiederum mit unserer – durch unseren ganz eigenen Background begründeten – Reaktion auf die Reize zusammen.

Wir lernen sozusagen gewisse Reaktionen, die sich dann im Laufe der Zeit auch ganz handfest in unserem Gehirn ablesen lassen, würden wir es daraufhin untersuchen lassen. Von kurzen Stressphasen kann sich das Gehirn ohne Weiteres schnell wieder vollständig erholen. Vor allem lang anhaltender Stress hat hingegen massive negative Folgen auf die Beschaffenheit unseres Gehirns.

Er bringt unser neuronales Netzwerk aus dem Gleichgewicht und führt damit zu dauerhaften Veränderungen der Hirnstruktur. Ein Teil des Gehirns, die Amygdala, wird durch eine dauerhafte Stressbelastung größer. Die Amygdala ist das sogenannte Angstzentrum unseres Gehirns und wird im Normalfall sofort aktiviert, sobald unser Gehirn eine Situation als (potenziell) gefährlich für uns einstuft. Bei lang anhaltendem Stress vermehren sich bestimmte Zellen in der Amygdala stärker und die Verbindungen zu anderen Regionen im Gehirn werden stärker, was wiederum dazu führt, dass die Amygdala noch schneller (über-)stimuliert wird. Unser Gehirn ruft also immer öfter die Information „Angst" und „Stress" ab, was zu den bereits beschriebenen negativen Folgen für unseren gesamten Organismus führt.

Die gute Nachricht ist, dass unser Gehirn sich nachweislich im Laufe des Lebens stetig weiterentwickelt, es ist also nicht zu einem Zeitpunkt „fertig" und nicht mehr veränderbar. Unter dem Stichwort „neuronale Plastizität" oder „Neuroplastizität" wird die Eigenschaft des Gehirns, sich aufgrund unterschiedlicher Nutzung und Reizung ständig anzupassen, verstanden.

Unser Nervensystem ist also im wahrsten Sinne des Wortes „plastisch" und kann auf interne und externe Reize insofern reagieren, als es seine Struktur, seine Verbindungen und seine Funktionen neu organisiert. Dadurch bleibt unser Gehirn über unser ganzes Leben hinweg flexibel und wir sind jederzeit in der Lage, uns neu auf unsere Umgebung einzustellen und neue Fähigkeiten zu erlernen – welche sich dann wiederum auch in unserer körperlichen Realität, angefangen bei den Hirnstrukturen, niederschlagen. Entspannung als ein ganz wesentlicher Einfluss auf die Arbeitsweise unseres Nervensystems und die Regeneration unseres Gehirns sind lernbar. Und der Mensch lernt bewiesenermaßen dann am besten, wenn ihm der Inhalt auch gefällt. Um für Sie die passende Entspannungsmethode zu finden, mit der Sie Ihr Nervensystem und damit Ihren gesamten Körper nachhaltig in Richtung einer gesunden Balance zwischen Anspannung und Entspannung verändern können, ist es wichtig, dass Sie sich vorab einmal darüber klar werden, in welchen Bereichen Ihres Alltags Ihre persönlichen Stressquellen lauern.

EIGENE STRESSQUELLEN AUSFINDIG MACHEN

Im Folgenden finden Sie einige gezielte Fragen, durch deren Beantwortung Sie Ihr eigenes Stresslevel näher bestimmen und einordnen können. Es handelt sich bei den folgenden Fragen nicht um einen objektiven oder gar genormten Stresstest, denn gerade das Thema Stress ist eines der subjektivsten und am allerbesten von Ihnen selbst zu beurteilen.

Die folgenden Fragen sollen Sie allerdings dabei unterstützen, sich selbst strukturiert zu reflektieren und Ihren persönlichen Stressquellen genauer auf die Spur zu kommen. Sie können dabei die vorhandenen Fragen gern um Ihre eigenen individuellen Bereiche ergänzen oder für Sie gänzlich unpassende Fragen ganz einfach streichen. Das eigene Erkennen des gefühlten Stress-Niveaus hilft Ihnen selbst, sich Ihres Fühlens und damit Ihres Selbst bewusster zu werden (womit wir schon eine Entspannungstechnik, die später vorgestellt wird, berühren, nämlich die Achtsamkeit – aber dazu später ausführlich mehr).

Bewusstwerdung und die bewusste Wahrnehmung davon, was überhaupt gerade da ist, ist eine ganz wesentliche Voraussetzung für Stressbewältigung und damit auch für Entspannung.

Nur das, was von Ihnen selbst auch gesehen und wahrgenommen wird, kann überhaupt durch Sie gezielt „behandelt" werden. Der Spruch, den wir bestimmt alle schon im Laufe unseres Lebens gehört haben „Einsicht ist der erste Schritt zur Besserung" hat einen wahren Kern, denn wollen Sie auf etwas gezielt einwirken, ist es wichtig, dieses „Etwas" auch zu kennen.

Die Beantwortung der folgenden Fragen soll Ihnen als ganz persönlicher Anhaltspunkt dienen, auf welchem Niveau und in welchen Hauptbereichen sich Ihre Stressbelastung aktuell befindet. Sie können diese Fragen auf Ihre eigene Weise für sich selbst beantworten, ich empfehle allerdings eine schriftliche Beantwortung der einzelnen Fragen – auch, damit Sie ein Dokument für eventuelle spätere Vergleichswerte in der Hand haben.

Übung: Ihr persönliches Stresslevel ausfindig machen
Beantworten Sie die folgenden 19 Fragen für den Zeitraum der letzten 3 bis 4 Wochen mithilfe der folgenden Abstufungsskala:

- Nie
- Sehr selten
- Ab und zu
- Oft
- Sehr häufig
- Fast immer

Frage 1) Ich habe mich müde und erschöpft gefühlt.

Frage 2) Ich habe ich mich antriebslos gefühlt.

Frage 3) Ich konnte meine Gedanken nicht zur Ruhe bringen.

Frage 4) Ich war angespannt und stand regelrecht unter Strom.

Frage 5) Ich war nervös.

Frage 6) Ich konnte mich nur schwer konzentrieren.

Frage 7) Es fiel mir schwer, mich zu entscheiden.

Frage 8) Ich empfand Neues als sehr anstrengend.

Frage 9) Ich hatte das Gefühl, mir läuft die Zeit davon.

Frage 10) Ich reagierte gereizt.

Frage 11) Ich war traurig und frustriert.

Frage 12) Ich habe mir Sorgen um die Zukunft gemacht.

Frage 13) Ich habe Angst gehabt, bei bestimmten Aufgaben zu versagen.

Frage 14) Ich hatte (Ein-) Schlafprobleme.

Frage 15) Ich hatte das Gefühlt, keine Zeit für mich zu haben.

Frage 16) Ich habe mich nicht ernst genommen und wertgeschätzt gefühlt.

Frage 17) Ich habe Konflikte mit anderen Menschen in meinem Umfeld gehabt.

Frage 18) Ich habe mich in meiner Umgebung unwohl gefühlt.

Frage 19) Ich hatte das Gefühl, abgelehnt zu werden.

Vor allem bei den Fragen, die Sie mit „Oft", „Sehr häufig" oder „Fast immer" beantwortet haben, lohnt es sich, im Anschluss an die Beantwortung der Fragen einmal genauer hinzuschauen, denn diese Bereiche sind bei Ihnen ja hauptsächlich verantwortlich für Ihre ganz persönliche Stressbelastung.

In einem nächsten Schritt können Sie diese Fragen nun mit folgenden Unterfragen noch weiter beantworten:

A) An welche konkreten Situationen kann ich mich erinnern?

B) Wie habe ich in der Situation konkret reagiert?

C) Welche körperlichen Reaktionen habe ich in meinem Körper wahrgenommen? (Starrheit, Herzrasen, Schweißausbruch etc.)

D) Was hätte ich in der Situation gebraucht, um mich besser zu fühlen?

Schreiben Sie zu diesen Unterfragen Ihrer persönlichen Top-Bereiche ruhig so konkret wie möglich die Situationen und die Details nieder, an die Sie sich erinnern können. Lassen Sie beim Schreiben die Gefühle, die auftauchen können, zu.

Es geht nun nicht darum, die Situationen oder gar die Gefühle, die Sie dabei erlebt haben, zu ändern. Es geht hier einzig und allein darum, dass Sie sich ein möglichst klares Bild Ihrer aktuellen Situation machen können und dabei Ihren so sichtbar gemachten IST-Zustand akzeptieren. Versuchen Sie, sich selbst dabei mit einer neugierigen Haltung zu begegnen, schenken Sie sich selbst Aufmerksamkeit und Interesse.

Nach der Beantwortung all dieser Fragen haben Sie nun wahrscheinlich ein gesteigertes Bewusstsein über Ihr aktuelles Stressempfinden, Ihre sogenannten „Killersituationen", Ihre häufigsten körperlichen Stressreaktionen und im Idealfall auch über Ihre noch fehlenden Ressourcen, um Ihre persönlichen Stresssituationen besser bewältigen zu können. Dieses Bewusstsein und diese Klarheit helfen Ihnen nun auf dem folgenden Weg, Ihre eigenen persönlichen Stresskiller zu bewältigen, eingefahrene Stressreaktionen loszulassen und mithilfe einer für Sie geeigneten Entspannungsmethode, immer mehr zu körperlicher und geistiger Entspannung zu finden.

Sie können diese Fragen in regelmäßigen Abständen immer einmal wieder beantworten. So sehen Sie stetig, auf welchem Niveau Sie sich insgesamt gerade befinden, und können eventuelle auftretende Verbesserungen oder auch Verschlechterungen, auch im Hinblick auf praktizierte Entspannungstechniken, bemerken und im besten Fall direkt mit in Ihren persönlichen Weg hin zu mehr Entspannung integrieren. Probieren Sie es einfach aus, Sie werden ganz bestimmt bemerken, wie sich etwas in Ihnen selbst und ebenfalls um Sie herum dadurch verändert.

GEEIGNETE ENTSPANNUNGSTECHNIKEN FINDEN

Wie finden Sie nun eine geeignete Technik, um Ihren persönlichen Stress, dem Sie jetzt schon so weit auf den Grund gegangen sind, dass Sie wissen, wo er vornehmlich entsteht und was er mit Ihnen macht, wieder abzubauen?

Verschiedene gezielte Entspannungstechniken setzen an unterschiedlichen Punkten an, um Ihr parasympathisches Nervensystem zu aktivieren, die Auswirkungen von Stress auf Ihren Körper und Organismus wieder abzubauen und Ihnen beziehungsweise Ihrem Körper so die nötige Regeneration zu verschaffen.

Ein Vorurteil ist noch immer, dass Entspannung ganz einfach durch „Nichtstun" entsteht, was zwar durchaus bei manchen Menschen in gewissen Situationen passieren kann. Eine Regel ist es jedoch nicht, denn auch beim Nichtstun kann unser Körper weiterhin im Stressmodus verweilen, können unsere Gedanken rasen (manchmal sogar gerade dann) und wir können in geistiger Alarmbereitschaft ausharren. Und das in einer Zeit, in der wir uns eigentlich gezielt entspannen könnten.

Die Vielzahl an vielversprechenden Entspannungstechniken kann für den einen oder anderen wiederum erneut Stress auslösen, vor allem dann, wenn etwas ausprobiert wird, was gerade nicht zu einem passt oder in der aktuellen Situation überhaupt nicht geeignet ist, die vorhandene Anspannung abzubauen. Das kann dann sogar zu Druck oder Frustration bei dem Übenden führen. Die bekannte Einteilung von uns Menschen in die drei großen Gruppen

- visuell

- akustisch

- kinästhetisch

zeigt, wie unterschiedlich wirksam verschiedene Zugänge auch bei Entspannungsmethoden – je nach Typ oder auch Situation – sein können. Der visuelle Typ kann beispielsweise sehr gut mit inneren Bildern entspannen oder auch über die gezielte Nutzung von bestimmten Farben in seinem physischen Umfeld eine entspannende Atmosphäre für sich schaffen, die sich direkt körperlich entspannend auswirkt.

Hingegen eher durch beispielsweise Naturgeräusche oder entspannende Klänge kann der akustische Typ Entspannung finden, während der kinästhetische Typ, also der Typ Mensch, der seine Umwelt am intensivsten über das Fühlen und Ertasten erlebt, vor allem durch körperliche Methoden, in denen er direkt in die Fühlung mit seinem Körper geht, eine Entspannung herbeiführt.

Meist sind wir – auch abhängig von der jeweiligen Tagesform – wie so oft im Leben eine Mischung aus all den verschiedenen Stereotypen. Dennoch hilft die Einteilung häufig, um besser verstehen zu können, warum Sie bei manchen Entspannungsmethoden überhaupt keine Entspannung verspüren werden oder sich aber zu ganz bestimmten Methoden sehr stark hingezogen fühlen. Diesem Gefühl sollten Sie immer nachgehen, denn Ihr Unterbewusstsein weiß meist sehr genau, was für Sie besonders wirksam ist. Ich lade Sie ein, die im Folgenden vorgestellten Entspannungsmethoden einfach einmal auszuprobieren und genau hinzuspüren, wie die einzelnen Methoden auf Sie – kurzfristig in der konkreten Entspannungssituation und auch langfristig im weiteren Verlauf Ihres Alltags – wirken.

Sehr empfehlenswert ist es, wie bereits erwähnt, die oben beschriebenen Fragen zu Ihrem Stressprofil alle paar Wochen wieder neu zu beantworten. So erschaffen Sie Bewusstheit und Achtsamkeit für Ihr persönliches Stress- und Entspannungserleben und haben

auch im Hinblick auf praktizierte Entspannungsmethoden einen Überblick über die Wirkung auf Ihr
Stressempfinden.

Eine
Methodenauswahl

D ie im Folgenden vorgestellten unterschiedlichen Methoden und Techniken überschneiden sich in vielen Bereichen und lassen sich in vielen Teilen nicht strikt voneinander abgrenzen. Das ist auch gar nicht gewollt. Gleichwohl ist es für unser Verständnis von Vorteil, sich diese Methoden theoretisch als eine Art Werkzeugkoffer vorzustellen, aus dem wir uns nach Bedarf bedienen können. Dafür ist es hilfreich, die vorhandenen Werkzeuge erst einmal kennenzulernen, sie zu kategorisieren und theore-

tisch voneinander abzugrenzen, um uns die dahinter-
liegenden Mechanismen klarer zu machen. Ob aber
nun eine Atemübung für Sie eher eine Meditation oder
ein Achtsamkeitstraining ist, ist für den Effekt, den Sie
erzielen, überhaupt nicht wichtig. Ebenfalls sind verschiedene Kombinationen aus den verschiedenen Methoden und Übungen denkbar und sinnvoll.

Lassen Sie sich von den im Folgenden vorgestellten verschiedenen Methoden, Beschreibungen und An-
leitungen inspirieren und probieren Sie aus, was Sie
anspricht.

Wenn Sie mehr Informationen zu den jeweiligen
Entspannungstechniken bekommen möchten, empfehle ich, hier gezielt zu spezieller Literatur zu den von
Ihnen ausgewählten Entspannungsmethoden zu greifen und durch Selbststudium oder (Online-)Kursange-
bote so tief in die Techniken und damit einhergehen-
den Themen einzusteigen, wie Sie möchten.

WICHTIGE GRUNDHALTUNGEN
ZUR ENTSPANNUNG

Bevor wir uns nun den verschiedenen konkreten Methoden zuwenden, ist es wichtig, noch ein paar grund-
legende Dinge beziehungsweise Grundhaltungen zu

erwähnen, die auf dem Weg zur Entspannung – unabhängig von einer spezifischen Methode – immer sehr hilfreich sind.

Um sich wahrhaftig entspannen zu können, müssen Sie sich zunächst einmal sozusagen selbst die Erlaubnis geben, sich auch entspannen zu dürfen. Das bedeutet im Hinblick auf die verschiedenen Entspannungstechniken vor allem, auch diese ganz entspannt anzugehen.

Mit den Begriffen „Nicht-Greifen", „Nicht-Identifizieren", „Akzeptanz" und „Loslassen" wird eine Grundhaltung umschrieben, die Ihnen nicht nur bei Anwendung der Entspannungstechniken, sondern ebenfalls in Ihrem Alltag zu einem gelassenen Umgang mit dem, was geschieht, verhelfen kann.

Das „Nicht-Greifen" meint dabei ein aktives Nichtstun, also das Nicht-Streben nach einem ganz bestimmten, von Ihnen vielleicht sogar selbst erdachten Ziel, z. B. die Linderung eines bestimmten Symptoms (eventuell sogar in einer bestimmten Zeitspanne) zu erwarten. Die Praxis des Nicht-Greifens besteht im Wesentlichen darin, sich selbst – sei es in einer spezifischen Übung oder auch in jeder beliebigen Alltagssituation – so anzunehmen, wie man jetzt, in diesem aktuellen Moment, ist. Anstelle eines Optimierens oder

Anders-Sein-Wollens besteht das Nicht-Greifen darin, einfach zu SEIN. Ganz ähnlich meint das „Nicht-Identifizieren", dass wir uns bewusst machen, wie stark wir uns – zumindest zeitweise – mit Gefühlen, Vorstellungen oder bestimmten Zuständen identifizieren, zum Beispiel mit spezifischen Symptomen oder Krankheiten. Das können sowohl positive als auch negative Dinge sein, wie zum Beispiel „Ich bin ungeduldig", „Ich bin depressiv", „Unter Menschen fühle ich mich immer unwohl", „Ich bin keine gute Mutter", „Ich werde das niemals schaffen" oder auch „Ich bin eben so".

Diese Aussagen verbinden uns dann für uns selbst untrennbar mit spezifischen Zuständen, wodurch wir andere Dinge, die dem entgegenstehen würden, nur noch schwerlich zulassen oder überhaupt bemerken.

In Wahrheit ist aber nichts von absoluter Dauer, daher ergibt es – vor allem für eine entspannte Grundhaltung in unserem gesamten Leben – eigentlich viel mehr Sinn, wenn wir uns selbst in unserem Denken und unserer Sprache nicht festlegen, sondern uns für das tatsächliche Leben öffnen und offenhalten. „Akzeptanz" meint das bedingungslose Annehmen der Gegebenheit im Hier und Jetzt – der positiven wie auch der von uns als negativ bewerteten Umstände. Uns Menschen fällt es meistens schwer, das Unangenehme anzunehmen – meist versuchen wir, dieses von uns abzuwenden oder aber, wenn uns das nicht gelingt, die damit verbundenen negativen Gefühle nicht zuzulassen, sondern sie zu unterdrücken, zu überspielen oder uns schnellstmöglich davon abzulenken und uns mit etwas für uns Angenehmerem zu beschäftigen.

Allerdings ist es auch sehr verbreitet, sogar Schwierigkeiten damit zu haben, selbst positive Dinge, wie beispielsweise ein Lob oder einen Erfolg, mit einem wirklich guten Gefühl bedingungslos anzunehmen. Wie schnell weisen wir meist auch diese Gefühle von uns, indem wir beispielsweise unseren Anteil an dem Erfolg herunterspielen oder uns direkt mit einer neuen Aufgabe oder gar einem neuen Problem beschäftigen. Das Annehmen und Akzeptieren-Können ist dementsprechend auch eine bewusste Lernaufgabe, die bei vielen Dingen auch mit starken Widerständen behaftet sein kann.

Dabei kann uns das „Loslassen" sehr behilflich sein, womit das Nicht-Anhaften oder auch Nicht-Ablehnen gemeint ist. Nun ist das Loslassen allerdings für die meisten von uns eine der schwierigsten Aufgaben und allein die Aufforderung „Lass doch einfach los!" führt meistens zu keinem wirklich befriedigenden Ergebnis, da es trotz des meist stark ausgeprägten Wunsches, etwas nicht mehr haben zu wollen, es eben loszulassen, einfach nicht gelingt, diese Sache (seien es Gefühle, Umstände, Menschen, Beziehungen, Ängste, Schmerzen oder auch Krankheiten) loszuwerden.

Der Weg zum Loslassen ist sozusagen kein gerader Weg, sondern führt über eine Umleitung zum Ziel, nämlich über das Akzeptieren einer Gegebenheit, wie sie nun einmal gerade ist.

Dieses Paradox ist für uns denkende Menschen eine Herausforderung, da es auf den ersten Blick wie eine Falle für uns aussieht: Das, was wir gerade nicht mehr haben wollen, wollen wir ja eben meist NICHT akzeptieren. Deshalb ist es auch sehr schwer, eine konkrete Anleitung für das Loslassen zu beschreiben, da es etwas eher Passives als Aktives ist, eher ein achtsames Betrachten, sanftes Annehmen und weiches Ziehen-Lassen des Gegebenen.

> *„Kettet euch nicht wie Sklaven an das Schöne. Doch kettet euch auch nicht an das Leiden. Alles ist im Wandel, beides vergeht."*
>
> *(Buddha)*

Mit diesen Grundhaltungen im Bewusstsein wenden

wir uns nun den verschiedenen Entspannungstechniken zu.

BEWUSSTES ATMEN

Das Wort Atmen stammt aus der indischen Philosophie und dem dort verwendeten Begriff „atman", der aus dem Sanskrit stammt (Sanskrit wird auch als Ursprache oder Mutter aller Sprachen bezeichnet; auch das Lateinische, aus dem die romanischen Sprachen kommen, ist selbst aus dem Sanskrit abgeleitet).

Atman bedeutet übersetzt „Lebenshauch" und bezeichnet das (absolute) Selbst oder auch die unzerstörbare, ewige Essenz. Mit dem ersten Atemzug kommen wir auf diese Welt, mit dem letzten Atemhauch verlassen wir sie wieder. Ein menschliches Leben ohne Atmen gibt es nicht – in unserem Atem liegt unser Schlüssel zu mehr Vitalität und Ausgeglichenheit.

Der Atem versorgt unseren Körper mit dem für uns lebenswichtigen Sauerstoff, den unser Körper als Brennstoff für alle Abläufe benötigt. Dabei gilt, je besser die Versorgung mit Sauerstoff in unserem Körper funktioniert, desto besser kann unser Organismus mit seinen Organen seine Aufgaben erfüllen. „Richtiges", bewusstes Atmen kann Spannungen lösen und Ihnen helfen, neue Lebensenergie zu tanken. Ein Riesenvorteil von der Methode der Entspannung über das bewusste Atmen ist, dass sie nahezu überall und zu jeder Zeit anwendbar ist, denn das wichtigste Werkzeug, Ihren Atem, haben Sie immer dabei.

In einer ersten groben Einteilung kann man die Atmung unterscheiden in „Bauchatmung" und „Brustkorbatmung". In der folgenden Übung sollen verschiedene Atemräume einmal genauer erspürt werden. Diese Übung hilft Ihnen zum einen dabei, Ihren Atemfluss und die verschiedenen Körperbereiche des Atems einmal genauer wahrzunehmen und hat zudem durch das tiefe und bewusste Atmen bereits eine effektive Entspannungswirkung auf Ihren Organismus.

Übung: <u>Verschiedene Atemräume spüren</u>
Stellen Sie sich gerade hin. Atmen Sie einmal tief ein- und wieder aus.

Sie können diese Übung auch gern im Liegen – auf dem Rücken, mit ausgestreckten Beinen – durchführen. Nun atmen Sie noch einmal ganz bewusst tief ein und legen Ihre Hände auf Ihren Bauch, Ihre rechte Hand legen Sie flach mit der Handfläche nach unten unterhalb Ihres Bauchnabels und Ihre linke Hand mit

---

der Handfläche nach unten oberhalb von Ihrem Bauchnabel ab. Legen Sie die Handflächen ganz locker auf Ihrer Bauchdecke ab und spüren Sie zunächst einmal ganz bewusst Ihren Bauch und Ihre Hände, die auf dem Bauch liegen. Nun fangen Sie an, Ihre Aufmerksamkeit auf Ihren Atem zu lenken und spüren ganz bewusst, wie Ihre Bauchdecke sich bei den Atemzügen bewegt.

Beim Einatmen hebt sich die Bauchdecke sanft an – und beim Ausatmen senkt sie sich wieder hinunter. Spüren Sie in diese Atembewegung ganz bewusst hinein, Sie können sich das Ein- und Ausatmen auch als Wellenbewegung vorstellen. Wichtig ist, dass Sie bei der Beobachtung des Atems in einer Beobachterrolle bleiben und die Atembewegungen von selbst geschehen lassen, Sie strengen sich nicht an bei der Atmung und greifen auch nicht ein. Atmen Sie nun noch einige Atemzüge ganz locker und entspannt weiter.

Nach einigen ruhigen Atemzügen auf diese Art wechseln Sie nun die Position der Hände und legen Sie an Ihre Flanken, wobei die rechte Handfläche auf dem rechten unteren Rippenbogen aufliegt und die linke Handfläche auf dem linken unteren Rippenbogen ruht. Üben Sie mit den Händen keinen Druck auf und beobachten Sie Ihren Atem. Sie werden wahrscheinlich merken, wie Ihr Atem ganz von selbst in die Flanken strömt und spüren, wie Ihre Rippen bei der Einatmung leicht auseinander gedehnt werden und mit dem Ausatmen wieder nach innen sinken. Lassen Sie sich Zeit und spüren Sie auch hier ohne Anstrengung, was geschieht.

Ihre einzige Aufgabe bei dieser Übung ist es, mit Ihrer Aufmerksamkeit ganz locker bei Ihrer Atmung zu bleiben und als Beobachter Ihres Atems zu spüren, was geschieht.

In einem dritten Schritt legen Sie nun Ihre Hände auf Ihren oberen Brustbereich. Auch hier legen Sie die Handflächen locker über Ihre Brust. Die rechte Hand legen Sie über die rechte Brust und lassen die Finger dabei nach oben zeigen, sodass sie Ihr Schlüsselbein berühren; die linke Hand analog auf der linken Brustseite. Legen Sie Ihre Hände auch in dieser Position ganz entspannt ab und gehen Sie mit Ihrer Aufmerksamkeit in Ihren Brustbereich. Fühlen Sie Ihre Hände, wie Sie dort abgelegt sind, und spüren Sie, was durch die Atembewegung mit Ihrem Brustkorb geschieht. Fühlen Sie bei jeder Atemwelle die sanfte Dehnung im Brustbereich. Nach einigen Atemzügen in dieser Haltung legen Sie zum Abschluss die Hände neben sich auf den Boden und lassen Ihren Atem frei ein- und ausströmen. Bleiben Sie mit Ihrer Aufmerksamkeit in Ihrem Körper. Versuchen Sie, Ihren Körper von innen wahrzunehmen und spüren Sie in Ihre Atemwellen hinein. Sie können zusätzlich Ihren Körper beim Ausatmen ganz bewusst tiefer in den Boden einsinken lassen und mit dem Einatmen den Wunsch und die Intention verbinden, frische Lebensenergie aufzunehmen und in Ihren Körper strömen zu lassen.

Zum Abschluss atmen Sie noch ein paar Mal ganz tief ein und aus und dehnen und strecken Ihren Körper.

Eine weitere wichtige Differenzierung des Atmens ist das Atmen über die Nase oder über den Mund. Die Luftaufnahme erfolgt in der Regel, tagsüber und auch nachts, über die Nase. Nur, wenn der Weg über die Nase aus verschiedenen Gründen erschwert ist, wählt der Körper den Weg des geringsten Widerstands, also die Einatmung durch den Mund.

Ob durch den Mund oder die Nase geatmet wird, hat ganz verschiedene Auswirkungen auf unseren Organismus. Je nach Einfallstor des Atems legt dieser einen anderen Weg durch den menschlichen Körper zurück und kommt dabei mit unterschiedlichen Nerven in Berührung, wird mit unterschiedlichen Stoffen angereichert bzw. von jeweils anderen Stoffen gereinigt.

Für die Entspannungstechniken von ganz besonderer Bedeutung ist die Tatsache, dass die Nasenatmung den Parasympathikus, ganz speziell den Vagusnerv, aktiviert, während die Atmung durch den Mund das sympathische Nervensystem anregt. Die Atmung durch die Nase ist also von Natur aus entspannend, während die Atmung durch den Mund aktivierend auf unseren Organismus wirkt.

Durch die Atmung durch die Nase wird unser Körper zudem deutlich besser mit dem lebenswichtigen Sauerstoff versorgt. In wissenschaftlichen Studien konnte nach der Nasenatmung eine 10 bis 15 % höhere Sauerstoffsättigung des Blutes nachgewiesen werden im Vergleich zur Atmung durch den Mund. Diese höhere Sauerstoffsättigung führt zu einer besseren Sauerstoffversorgung unserer Organe, wodurch Ihnen mehr Energie zur Verfügung steht und Sie besser arbeiten können. Bei der Nasenatmung ist es zudem einfacher, den Atem bewusst in verschiedene Körperregionen zu lenken.

Übung: Bewusste Nasenatmung
Setzen oder stellen Sie sich aufrecht hin oder legen Sie sich entspannt auf den Rücken. Nun atmen Sie ganz bewusst lange durch die Nase ein und lassen den Atem

> ganz bewusst durch Ihren Körper strömen. Im An-
> schluss atmen Sie lange durch die Nase wieder aus.
> Wiederholen Sie diese Atmung so oft, wie Sie mögen.

Diese Atemübung können Sie übrigens, wie fast alle Atemtechniken, jederzeit im Alltag anwenden. So können Sie jederzeit – vor allem in stressigen Situationen – über diesen simplen Trick Ihren Körper in einen entspannteren Zustand versetzen.

Eine weitere Atemvariante, die nachweislich hervorragend zum Stressabbau, zur Fokussierung und auch zum Entgiften geeignet ist, ist die sogenannte Wechselatmung. Diese Atmung stammt ursprünglich aus dem Yoga, wo sie unter dem Namen Anuloma Viloma oder auch Nadi Shodana bekannt ist, und hat ihren Namen aufgrund der einfachen Tatsache, dass abwechselnd durch das rechte und linke Nasenloch geatmet wird.

Bei der Wechselatmung wird abwechselnd durch das linke und das rechte Nasenloch geatmet, was viele positive Auswirkungen auf unseren Körper und unseren Geist hat. Die Wechselatmung hat einen stark ausgleichenden und harmonisierenden Effekt, die rechte und die linke Gehirnhälfte werden harmonisiert und besser miteinander verknüpft. Das hilft, die Lebensenergie besser durch den Körper fließen zu lassen und zur inneren Ruhe und Kraft zu finden.

Übung: Die Wechselatmung

Setzen Sie sich in einen bequemen, aufrechten Sitz. Am besten ist es, wenn Ihre Wirbelsäule frei ist, damit der Atem frei und ungehindert durch Ihren Oberkörper fließen kann. Die linke Hand liegt bequem in Ihrem Schoß und mit der rechten Hand formen Sie eine Fingerhaltung, mit der die beiden Nasenlöcher abwechselnd verschlossen werden. Die Fingerhaltung, die ursprünglich Vishnu Mudra genannt wird, ist ganz einfach: Öffnen Sie Ihre rechte Hand, beugen Sie den Zeige- und Mittelfinger und legen die Fingerkuppen dieser beiden Finger auf dem Daumenballen ab. Der Ring- und der kleine Finger liegen eng beieinander und Sie bringen den Ringfinger näher in Richtung Daumen.

Nun wird die rechte Hand so an die Nase gelegt, dass Sie mit dem Daumen auf dem rechten Nasenflügel aufliegen und mit dem Ringfinger auf dem linken, damit abwechselnd ein Nasenloch verschlossen werden kann.

1. Atmen Sie tief ein und aus.

2. Verschließen Sie mit dem Daumen der rechten Hand

(im Vishnu Mudra) das rechte Nasenloch.

3. Atmen Sie langsam durch das linke Nasenloch ein, zählen Sie dabei innerlich bis 4.

4. Halten Sie den Atem nun an, während Sie innerlich langsam bis 16 zählen.

5. Verschließen Sie nun mit dem Ringfinger der rechten Hand (im Vishnu Mudra) das linke Nasenloch.

6. Atmen Sie durch das rechte Nasenloch aus, während Sie langsam bis 8 zählen.

7. Atmen Sie durch das rechte Nasenloch direkt im Anschluss wieder tief ein und zählen Sie dabei bis 4.

8. Halten Sie den Atem nun wieder an, während Sie innerlich bis 16 zählen.

9. Verschließen Sie mit dem Daumen der rechten Hand (im Vishnu Mudra) das rechte Nasenloch.

10. Atmen Sie durch das linke Nasenloch wieder aus, während Sie bis 8 zählen.

11. Atmen Sie einige Minuten auf diese Art weiter.

Die Sekundenvorgaben sind ein Idealwert und dienen der Orientierung, Sie müssen sie selbstverständlich nicht genau einhalten und können Sie Ihren Vorlieben und Ihren Fähigkeiten entsprechend anpassen. Wichtig ist vor allem das Verhältnis von Ein-, Ausatmen und Lufthalten, zum Beispiel von 1:4:2 (also beispielsweise

2 Sekunden einatmen, 8 Sekunden Atem anhalten und 4 Sekunden ausatmen). Mit der Zeit werden Sie feststellen, dass es Ihnen immer leichter fällt, lange ein- und auszuatmen und auch die Luft zu halten.

ACHTSAMKEITSTRAINING

Achtsam zu sein bedeutet, voll und ganz bei der Sache zu sein, also ganz und gar präsent bei dem zu sein, was wir gerade tun und was wir dabei fühlen. Genau das Gegenteil passiert allerdings häufig, denn der Lebensstil der heutigen Zeit verleitet uns dazu, mehrere Dinge gleichzeitig zu tun, immer mehr an einem einzigen Tag schaffen zu wollen und in Gedanken immer schon zwei Schritte im Voraus zu sein.

Das Präsentsein im aktuellen Moment ist dadurch zu etwas geworden, zu dem man sich aktiv entscheiden muss. Mittlerweile wissen wir aufgrund von wissenschaftlichen Untersuchungen, dass ein Mensch durchschnittlich 60.000 Gedanken am Tag denkt. In einem Jahr sind das 22 Millionen Gedanken. Das ist eine ganze Menge und schon allein die Vergegenwärtigung dieser Zahlen zeigt uns deutlich, dass es für unseren Geist eine wirklich große Aufgabe ist, jeden Tag aufs Neue all diese Gedanken zu haben und ihnen – je nach

Wichtigkeit – zu folgen, sie zu analysieren und zu bewerten. Die sogenannten „stressigen Gedanken" sind im Grunde genommen einfach nur Gedanken, die in unserem Geist aufkommen und die wir dann selbst als negativ, zum Beispiel als „bedrohlich", bewerten. Die Bewertung ist es also eigentlich, die den Stress in uns auslöst, und nicht der Gedanke an sich.

> *„Kein Ding ist an sich gut oder schlecht, erst unser Denken macht es dazu",*
> wusste bereits William Shakespeare.

Mit Achtsamkeit ist ein Präsentsein im gegenwärtigen Augenblick gemeint, im Gegensatz zum automatischen Abspulen von Tätigkeiten, Gedanken und Handlungsabfolgen, also das ganz bewusste Erleben des jetzigen Moments.

In Bezug auf den immerwährenden Strom von Gedanken meint dies ein Nicht-Bewerten dieser – eben häufig automatisch – aufkommenden Gedanken, sondern ein einfaches Zur-Kenntnis-Nehmen ohne eine Identifikation mit den einzelnen Gedanken-Inhalten. Das klingt in der Theorie ganz logisch und auch darüber können wir uns nun wieder haufenweise Gedanken „machen" und diese bewerten. Am besten ist es meiner Erfahrung nach jedoch, sich selbst einfach einmal einen ganz bewussten Moment der Achtsamkeit zu gönnen, denn dann erfahren wir das Konzept der Achtsamkeit nicht nur mit unserem Denken, sondern – viel tiefgehender – mit unserem Gefühl und den körperlichen Sinnen.

Der amerikanische Verhaltensmediziner Jon Kabat-Zinn entwickelte bereits in den 1970er-Jahren eine Methode, um alltagstauglich die Fähigkeit, achtsam zu sein, zu erlernen. Diese wissenschaftlich untersuchte Methode, die den Namen „Mindfulness Based Stress Reduction" (kurz MBSR) trägt, ist nachweislich in der Lage, Stress effektiv zu reduzieren und die Gesundheit zu unterstützen. Viele hunderttausend Menschen haben an dem Programm von Kabat-Zinn bereits teilgenommen und nicht nur in den USA, sondern weltweit und auch in Deutschland, wird seine Methode, z. B. in der Psychotherapie, angewendet.

Das Besondere an der Methode von Kabat-Zinn ist die Zusammenführung von jahrtausendealter Meditationsweisheit mit einer modernen Medizin, die den Menschen als Ganzes ansieht. Wenn Sie Ihre Aufmerksamkeit nach innen in Ihren Körper lenken, also achtsam sind, und zum Beispiel Ihren Atem achtsam wahrnehmen, signalisiert das Ihrem Körper – im Gegensatz zum Angstmodus in Stresssituationen –, dass Sie sich in Sicherheit befinden und Ihr Körper dementsprechend die Gegenreaktion zur Kampf- und Fluchtreaktion ausführen kann: die Entspannung.

Das parasympathische Nervensystem wird aktiviert. So wird allein durch das achtsame Anwesend-Sein in Ihrem Körper Ihre Atmung noch ruhiger und tiefer, Ihre Herzfrequenz und Ihr Blutdruck werden gesenkt, die Muskulatur wird entspannt. Ihr gesamter Organismus wird also in den Regenerationsmodus versetzt. Mithilfe von Achtsamkeit können Sie Ihre persönlichen Denk- und Verhaltensmuster, die ja dafür verantwortlich sind, dass Sie Situationen auf eine bestimmte Art und Weise bewerten und dementsprechend Stress empfinden, durchleuchten. Sie können zudem lernen, in den realen Belastungssituationen selbst achtsam zu sein, was Ihre zumeist automatisch ablaufende Stressreaktion enorm abmildert.

„Um den Reichtum des Augenblicks sehen zu können, müssen wir den Geist des Anfängers entwickeln, das heißt, eine innere Einstellung der Offenheit gewinnen, die bereit ist, alles so zu sehen, als wäre es das erste Mal."

(Jon Kabat-Zinn)

Das umfassende Achtsamkeitsprogramm von Jon Kabat-Zinn, das meist in einem Kursumfang von 10 bis 20
Teilnehmern über 8 Wochen praktiziert wird, besteht
aus 6 wesentlichen Bereichen. Einem Bodyscan (also
dem aufmerksamen Wahrnehmen sämtlicher Körper-
empfindungen), einer Gehmeditation, verschiedener
achtsamer Bewegungsübungen, einer Sitzmeditation,
einer gesteigerten Achtsamkeit im Alltag durch spezielle Einzelübungen sowie einer Reflexion der eigenen
Verhaltensmuster bei gleichzeitiger Etablierung von
hilfreichen Gewohnheiten.

An dieser Stelle wollen wir aus diesem Programm
ein paar Übungen herausgreifen, die auch für sich allein genommen bereits eine enorme Wirkung haben
können und einen Vorgeschmack auf die Wirksamkeit
des gesamten MBSR-Programms geben.

Übung: Der Bodyscan
Die Grundübung des MBSR-Programms und gleichzeitig eine jahrtausendealte Meditations- und Entspannungstechnik ist der Bodyscan, also der Wechsel des
Blickwinkels auf unseren Körper von außen nach innen. Beginnend bei den Zehen lassen Sie dabei Ihre
Aufmerksamkeit Schritt für Schritt von innen durch

Ihren Körper wandern und tasten sozusagen alle Körperbereiche mit einer wohlwollenden Haltung von innen heraus ab. Der Fokus liegt dabei darauf, einfach
nur aufmerksam für das zu sein, was gerade da ist – es
sollen keine Empfindungen „erzeugt" werden.

Ablauf: Legen oder setzen Sie sich bequem hin
(falls es in der jeweiligen Situation nicht anders geht
oder für Sie angenehmer ist, können Sie den Bodyscan
selbstverständlich auch im Stehen durchführen). Ach-
ten Sie bei Ihrer gewählten Haltung darauf, dass Sie
angenehm, möglichst gerade und entspannt stehen,
sitzen oder liegen.

Atmen Sie ein paar Mal tief ein und aus und schließen Sie die Augen.

Erlauben Sie einmal ganz bewusst, allem, was Sie
innerlich gerade mit in diese Übung bringen, da zu
sein. Laden Sie alles ein, da zu sein und mitzumachen.
Nehmen Sie nun ganz bewusst wahr, wie Ihr Körper
die Unterlage berührt (oder im Stehen Ihre Füße den
Boden berühren) und spüren Sie Ihren Atem kommen
und gehen. Beginnen Sie nun bei Ihrem rechten Fuß.
Spüren Sie ihn von innen und erforschen Sie die dorti-
gen Empfindungen. Eventuell fühlen Sie ein Kribbeln,
eine Wärme, Kühle oder Schwere, etwas anderes –
oder auch nichts. Alles, was Sie spüren oder auch nicht,

ist willkommen – nehmen Sie das einfach nur wahr.

Wandern Sie nun mit dieser wohlwollenden, neugierigen Aufmerksamkeit höher und gehen Sie innerlich in Ihr rechtes Fußgelenk über.

Spüren Sie dann in den rechten Unterschenkel und wandern mit der Aufmerksamkeit weiter in das rechte Kniegelenk und die rechte Hüfte.

Nehmen Sie immer die dort vorhandenen Empfindungen wahr und lassen Sie diese da sein.

Gehen Sie nun zu Ihrem linken Fuß über und erforschen diesen von innen. Welche Empfindungen können Sie im linken Fuß spüren?

Wandern Sie mit Ihrer Aufmerksamkeit weiter in das linke Fußgelenk, den Unterschenkel, spüren Sie das Kniegelenk, den Oberschenkel und schließlich die linke Hüfte von innen. Nehmen Sie nun Ihr Becken und Ihren Beckenboden wahr und spüren Sie Ihre Rückseite des Beckens, wie es die Unterlage berührt (falls Sie sitzen oder liegen). Erspüren Sie nun Ihren unteren Rücken von innen – was können Sie in Ihrem unteren Rücken wahrnehmen?

Wandern Sie mit der Aufmerksamkeit weiter den Rücken hinauf und erkunden Sie den Bereich zwischen Ihren Schulterblättern.

Nun spüren Sie in Ihren Brust-Bauch-Bereich hinein.

Nehmen Sie das Heben und Senken der Bauchdecke wahr?

Ruhen Sie nun für ein paar Atemzüge in Ihrem Körper und genießen Sie Ihr waches Gewahrsein.

Nun wandern Sie mit Ihrer Wahrnehmung weiter nach oben und spüren in Ihre Schultern hinein. Erspüren Sie von dort Ihre Oberarme, Ihre Ellbogen, Ihre Unterarme, Ihre Handgelenke, Ihre Hände – bis in die Fingerspitzen hinein.

Weiten Sie Ihre Aufmerksamkeit nun auf Ihren Hals und Nacken aus und gleiten Sie hinauf in Ihr Gesicht. Spüren Sie in Ihren Kiefer hinein, in Ihre Zunge und Ihre Lippen. Spüren Sie, wie der Hinterkopf (im Liegen) die Unterlage berührt und wandern Sie über die Kopfhaut zu Ihrem obersten Punkt des Kopfes, dem sogenannten Kronenpunkt.

Bleiben Sie hier mit Ihrer Aufmerksamkeit für ein paar Atemzüge und weiten Sie das Feld Ihres Gewahrseins über den gesamten Körper aus. Nehmen Sie Ihren inneren Körper wahr, genießen Sie Ihren inneren Körper – nehmen Sie wahr, was da ist – und lassen Sie es da sein.

Atmen Sie noch, sooft Sie wollen, ganz ruhig weiter ein und aus.

Zum Abschluss nehmen Sie einen ganz tiefen Atemzug, strecken Ihren gesamten Körper und öffnen Ihre Augen wieder.

Durch das gezielte Einbauen von Übungen zur Achtsamkeitssteigerung in Ihren praktischen Alltag können Sie Ihr Alltagsleben bereichern – außerdem werden Sie bemerken, wie Sie durch das sich steigernde Achtsamkeitslevel, das Sie durch die verschiedenen Übungen aufbauen werden, den Herausforderungen Ihres Alltags zudem insgesamt viel entspannter und gelassener begegnen werden.

Machen Sie es sich zu einer neuen Gewohnheit – eventuell auch durch Hilfsmittel wie kleine Erinnerungsnotizen an für Sie passenden Stellen oder Wecker-Einstellungen in beispielsweise Ihrem Handy – in Ihrem Alltag immer einmal wieder kurz innezuhalten, also mit Ihrer Konzentration aus der jeweiligen Situation herauszugehen und sich auf Ihren Atem zu fokussieren.

Dadurch können Sie die normalerweise automatisch ablaufenden Reaktionen in Ihrem Denken, Fühlen und Handeln unterbrechen und sich Ihres aktuellen Gemütszustands bewusst zu werden, dadurch werden Sie sich in diesen Situationen auch immer bewusster für eine Reaktion beziehungsweise eine Handlung entscheiden können, anstatt mehr oder weniger unbewusst zu reagieren – und sich im Nachhinein gar über Ihre Reaktion zu ärgern.

Übung: Innehalten im Alltag

In einer speziellen (Stress-)Situation lenken Sie Ihren Fokus gezielt für 3 bis 5 Atemzüge nach innen und spüren dabei Ihren Körper von innen. Sie können Ihre Aufmerksamkeit dabei ganz gezielt von dem Reiz im Außen auf beispielsweise Ihre Füße und das Gefühl, wie diese den Boden berühren, lenken.

Wir alle neigen dazu, uns von einer Aktivität direkt in die nächste zu stürzen – uns sogar schon im Vorfeld einer Aktivität genau zu überlegen und zu planen, wie wir die nächste Aktivität (oder auch übernächste und so weiter) durchführen wollen, was wir vermeiden und erreichen wollen. In der folgenden Übung durchbrechen Sie dieses Muster ganz bewusst und erleben die Übergänge von einer Aktivität zur nächsten ganz bewusst.

Übung: Übergänge im Alltag bewusst erleben

In einer Übergangssituation Ihres Alltags, zum Beispiel, wenn Sie von einer Aktivität (zum Beispiel Ihrer Arbeit oder einer Besorgung) wieder nach Hause kommen, halten Sie inne und beobachten sich. Was tun Sie als Erstes? Hier fügen Sie nun ein kleines Ritual – das Sie sich selbst aussuchen – ein, um diesen Übergang in Ihrem alltäglichen Leben heraus aus dem Autopilot-Modus hinein in eine bewusst erlebte Aktivität zu holen. Sie können beispielsweise eine ganz bewusste Begrüßung Ihrer eventuell vorhandenen Mitbewohner vornehmen oder achtsam Ihre Kleidung wechseln. Sie können auch ganz bewusst ein paar Minuten meditieren oder eine Atemübung durchführen. Suchen Sie ein für Sie passendes Ritual aus und bauen Sie es in eine für Ihren Alltag typische Übergangssituation ein – und seien Sie gespannt, was sich für Sie dadurch verändert.

AUTOGENES TRAINING

Das autogene Training ist eine seit vielen Jahren bewährte Entspannungsmethode, die 1932 von dem deutschen Arzt und Psychiater Johannes H. Schultz (1884–1970) entwickelt wurde. Sie basiert auf Kenntnissen und Techniken der (Selbst-)Hypnose und zielt auf eine erlern- und trainierbare Entspannung des Körpers und Geistes durch (Auto-)Suggestionen, also gezielte (Selbst-)Beeinflussungen ab, die – nach einer Lern- und Trainingsphase – selbstständig, von innen, ohne äußeres Zutun, angewendet und hergestellt werden.

Insgesamt spricht man heute von zwei Stufen des autogenen Trainings, die von der Stressreduktion gesunder Menschen bis hin zur Therapie von Neurosen, phobischen Störungen oder psychosomatischer Erkrankungen angewendet werden. In der sogenannten Grundstufe (auch Unterstufe genannt) werden Techniken angewendet, die sich vornehmlich an das vegetative Nervensystem und die Organe wenden.

Dabei geht es vor allem um Entspannung durch die Aktivierung des parasympathischen Nervensystems über Ruhe-, Schwere-, Wärme- und Atemformeln in einem ersten Schritt und spezielle Organ-Formeln (für beispielsweise Bauch, Herz und Stirn) in einem zweiten Schritt. Die sogenannte Oberstufe des autogenen Trainings richtet sich an Übende, die mit den vorgenannten Entspannungsformeln schon vertraut sind und bereits gelernt haben, sich selbst bei Bedarf gezielt in einen entspannten Zustand zu versetzen. Dabei werden die Übungen um visuelle, imaginative und meditative Elemente ergänzt und zum Teil sogar ganz individuell für den Übenden konzipiert und formuliert. Ziel ist es, dem Übenden zu einer erweiterten Selbsterkenntnis zu verhelfen und sein Unterbewusstsein ganz gezielt „umzuprogrammieren".

Das autogene Training ist fast immer bereits von der ersten Übungsstunde an wirksam – und gewinnt mit der Zeit weiter an Effektivität. Alle Übungen beginnen mit den sogenannten Grundübungen, in denen ein körperlicher Zustand von Ruhe, Schwere und Wärme hergestellt wird. Wie bereits erwähnt, erfolgt dies über die Kraft der (Auto-)Suggestion.

Sie veranlassen sich sozusagen selbst, diese Zustände in Ihrem Körper herzustellen. Durch diesen körperlichen Zustand wird Ihr gesamter Organismus dann automatisch in einen Entspannungsmodus versetzt, der einem leichten Trancezustand, vergleichbar mit dem Moment vor dem Einschlafen, ähneln kann. Ihr parasympathisches Nervensystem ist nun aktiv.

Nach den Suggestions-Formeln zu den drei Bereichen Ruhe, Schwere und Wärme folgen nun verschiedene Organformeln, bei denen das Herz (bzw. der Puls), der Bauchraum und die Stirn angesprochen werden. Das Ziel von der Beeinflussung dieser Organe ist ebenfalls, den Körper durch (eigene) Anweisungen in einen entspannten Zustand zu versetzen, beispielsweise durch einen gleichmäßigen Pulsschlag und eine angenehm kühle Stirn.

Haben Sie nun all diese Anweisungen in einer konkreten Übung des autogenen Trainings durchlaufen, befinden Sie sich in einer leichten Hypnose und sind dadurch ganz besonders empfänglich für weitere Suggestionen. Sie sind nun also in der Lage, direkt mit Ihrem Unterbewusstsein zu kommunizieren beziehungsweise auf dieses einzuwirken, denn in diesem tranceähnlichen Zustand wird das bewusste Denken mit dem unbewussten Wissen der Intuition in den tieferen Gehirnstrukturen verknüpft.

Dafür werden die sogenannten Versatzformeln angewendet, durch die man sich selbst hypnotische Weisungen erteilen kann, wie beispielsweise „Ich bin ganz ruhig und entspannt". Um nach der herbeigeführten Tiefenentspannung wieder in den normalen Wachzustand zu gelangen, ist es nach jedem autogenen Training nötig, eine sogenannte Rücknahme durchzuführen, in der die einzelnen Entspannungsreaktionen des Körpers wieder „zurückgenommen" werden. Der Erfinder des autogenen Trainings, Herr Professor Schultz, war der Ansicht, dass jeder Mensch bereits ab dem 4. Lebensjahr in der Lage ist, das autogene Training zu erlernen und bereits nach 3 bis 4 Wochen Training einen wirksamen Effekt auf sein Alltagsleben verspürt. Dabei gilt: Je regelmäßiger Sie üben, desto eher spüren Sie auch eine Wirkung. Häufigere Kurzübungen sind dabei übrigens meist wirkungsvoller als seltene längere Wiederholungen. Aber natürlich gilt auch hier der Grundsatz, dass Sie ganz individuell bei sich schauen und prüfen, was für Sie funktioniert und sich gut und richtig anfühlt.

Im Folgenden wird Ihnen hier die Grundübung des autogenen Trainings vorgestellt, um einen Einblick in Ablauf und Wirkungsweise dieser Entspannungsmethode zu bekommen. Grundsätzlich ist es einfacher für den Einstieg, die Übungen vorgelesen zu bekommen, um sich voll und ganz auf den eigenen Körper konzentrieren zu können – später sollen die Anweisungen dann im Stillen selbst gegeben werden.

Sehr wichtig für eine gelingende Entspannung ist auch bei dieser Methode eine gute, angenehme Körperhaltung. Sie können aus verschiedenen traditionellen Varianten wählen: Die sogenannte Kutscherhaltung fördert die Entspannung, da Sie in dieser Haltung keinen einzigen Muskel anspannen müssen. Dafür setzen Sie sich locker auf den vorderen Teil einer Sitzfläche (zum Beispiel eines Stuhls) und beugen Ihre Schultern und Ihren Kopf leicht nach vorn. Ihre Hände lassen Sie ganz entspannt auf Ihren Oberschenkeln oder Sie neigen Ihren gesamten Oberkörper nach vorn und stützen sich dabei mit den Ellbogen auf Ihren Oberschenkeln ab, wobei Sie die Hände an den Innenseiten der Beine herunterhängen lassen.

Eine weitere Haltung ist eine Sitzhaltung in beispielsweise einem Sessel, woher die Haltung auch Ihren Namen „Großvaters Lehnstuhl" hat. Lehnen Sie sich gemütlich in dem Lehnstuhl oder Sessel zurück, lassen Sie Ihre Beine nach vorn weisen und stehen Sie mit beiden Füßen auf dem Boden.

Die dritte Haltung, die auch meist die angenehmste ist, ist die Liegeposition auf dem Rücken. Die Arme liegen entspannt neben dem Körper, die Beine sind leicht gespreizt und die Fußspitzen zeigen leicht nach außen.

Grundübung autogenes Training: Vereinfachte Schwere-Wärme-Übung

Nehmen Sie eine von Ihnen gewählte entspannte Haltung ein und schließen Sie die Augen.

Nun strecken Sie die Arme nach vorne aus und lassen Ihre Handflächen mit einem Abstand von ungefähr 20

Zentimetern zueinander zeigen.

Spüren Sie den Zwischenraum zwischen Ihren Handflächen, nehmen Sie die Wärme wahr, die Sie in diesem Zwischenraum fühlen können.

Stellen Sie sich nun weiter vor, wie Ihre Handflächen voneinander angezogen werden. Gehen Sie immer tiefer in diese Vorstellung hinein, dass Ihre Handflächen wie zwei Magnete voneinander angezogen werden, solange, bis Sie das Energiefeld zwischen Ihren Handflächen spüren und bemerken, dass sich Ihre Hände langsam aufeinander zu bewegen. Es ist sehr wichtig, dass Sie sich wirklich ausreichend Zeit nehmen und – ohne Druck oder Anhaftung – in der Vorstellung der Wärme und Anziehung zwischen Ihren Handflächen verweilen. Erspüren Sie, was geschieht.

Sobald sich Ihre Handflächen berührt haben, lassen Sie die Arme sinken und legen sie ab – in der Sitzhaltung auf Ihren Oberschenkeln, in der Liegeposition auf dem Boden neben Ihrem Körper.

Stellen Sie sich nun vor, wie Ihre Arme immer schwerer werden. Stellen Sie sich vor, Ihre Arme werden so schwer wie Blei und sinken in die Unterlage ein. Stellen Sie sich diese schweren Arme so lange vor, bis Sie ein angenehm schweres Gefühl in Ihren Armen bemerken. Erspüren Sie diese Schwere.

Lassen Sie die Schwere nun aus Ihren Armen über Ihre Schultern in Ihren Kopf wandern – und von da aus in Ihren ganzen Körper.

Lassen Sie die Schwere in Ihren Körper und fühlen Sie, wie sie sich dort ausbreitet.

Fühlen Sie Ihren schweren Körper und genießen Sie diesen angenehm schweren Zustand für mehrere Minuten, so lange, wie Sie möchten. Atmen Sie dabei tief ein und aus und verbinden Sie in Ihren Gedanken Ihre Atmung mit dem Gefühl, dass Sie durch Ihren Atem noch weiter und tiefer in eine Entspannung hineingleiten.

Führen Sie im Anschluss an diese Übung wie bei allen Übungen des autogenen Trainings direkt eine Rücknahme aus, um alle Funktionen Ihres Körpers wieder in den Wachzustand zu versetzen (Ausnahme: wenn Sie nach der Übung direkt einschlafen möchten, ist keine Rücknahme nötig).

Übung: Die Rücknahme
Zählen Sie rückwärts von 6 bis 1 und stellen sich dabei vor:
6: Ihre Beine sind wieder frei und beweglich, Schwere und Müdigkeit verschwinden.

5: Ihr Bauch ist wieder frei, Müdigkeit und Schwere verschwinden.

4: Ihr Oberkörper ist wieder frei, Schwere und Müdigkeit verschwinden.

3: Ihre Arme sind wieder frei und beweglich, Schwere und Müdigkeit verschwinden.

2: Ihr Kopf ist wieder frei und frisch, Müdigkeit und Schwere verschwinden.

1: Öffnen Sie die Augen und seien Sie wieder ganz da im Hier und Jetzt.

Das autogene Training wird von vielen Autoren und Trainern in verschiedenen kleinen Schritten beigebracht, indem zunächst die oben beschriebene Schwere-Wärme-Grundübung trainiert wird und dann nachfolgend alle weiteren Hinzunahmen zunächst in einzelnen Übungen separat geübt werden.

Das sind Suggestions-Übungen, in Form spezieller Formulierungen, zur Ruhe, (zum Beispiel „Ich bin ganz ruhig"), der Atmung (zum Beispiel „Mein Atem fließt ruhig und gleichmäßig"), dem Puls (beispielsweise „Mein Puls ist ruhig und gleichmäßig") oder dem Herzen (beispielsweise „Mein Herzraum ist offen und weit"), dem Bauchraum (beispielsweise „Eine angenehme Wärme breitet sich im Bauchraum aus") und zuletzt der Stirn (beispielsweise „Meine Stirn ist angenehm kühl"). Diese Übungen werden meist zunächst einzeln geübt und anschließend in einem gesamten Autogenen-Training-Ablauf hintereinander verwendet, um den Trainierenden in eine komplette Tiefenentspannung zu versetzen.

In Kombination mit diesen Entspannungsformeln wird dann zusätzlich eine gewählte Selbstsuggestion verwendet (beispielsweise „Ich bin ganz ruhig und fühle mich wohl" oder auch „Ich fühle mich stark und gesund"), die in dem autogenen Training zwischen die Entspannungsformeln gesetzt wird. Wichtig bei allen Formulierungen im autogenen Training ist die – einfache – Formulierung in der Gegenwartsform. Sie kommunizieren mit Ihrem Unterbewusstsein, das ja auch das kindliche Bewusstsein genannt wird, weil es wie die meisten Kinder am Ehesten klare und einfach verständliche Aussagen umsetzen kann.

Und unser Unterbewusstsein versteht und reagiert im autogenen Training deshalb am besten auf kurze, einfache Ist-Aussagen. Verwenden Sie beispielsweise die Formel „Ich bin ganz ruhig" im Gegensatz zu „Ich werde ganz ruhig", da versteht Ihr Unterbewusstsein nämlich, dass Sie vielleicht irgendwann einmal ruhig werden, sei es in drei Minuten oder auch in drei Jahren.

Übung: Gesamtübung autogenes Training

Zwischen den einzelnen Suggestions-Sätzen können Sie ein paar Sekunden Pause einlegen:

ICH BIN GANZ RUHIG UND FÜHLE MICH WOHL.

Meine Arme sind schwer – und angenehm warm.

Meine Arme sind schwer – und angenehm warm.

Meine Arme sind schwer – und angenehm warm.

ICH BIN GANZ RUHIG UND FÜHLE MICH WOHL.

Meine Beine sind schwer – und angenehm warm.

Meine Beine sind schwer – und angenehm warm.

Meine Beine sind schwer – und angenehm warm.

ICH BIN GANZ RUHIG UND FÜHLE MICH WOHL.

Mein ganzer Körper ist schwer – und angenehm warm.

Mein ganzer Körper ist schwer – und angenehm warm.

Mein ganzer Körper ist schwer – und angenehm warm.

ICH BIN GANZ RUHIG UND FÜHLE MICH WOHL.

Mein Herz schlägt ruhig und gleichmäßig.

Mein Herz schlägt ruhig und gleichmäßig.

Mein Herz schlägt ruhig und gleichmäßig.

ICH BIN GANZ RUHIG UND FÜHLE MICH WOHL.

Mein Sonnengeflecht ist warm.

Mein Sonnengeflecht ist warm.

Mein Sonnengeflecht ist warm.

ICH BIN GANZ RUHIG UND FÜHLE MICH WOHL.

Mein Bauch ist weich und angenehm warm.

Mein Bauch ist weich und angenehm warm.

Mein Bauch ist weich und angenehm warm.

ICH BIN GANZ RUHIG UND FÜHLE MICH WOHL.

Meine Stirn ist angenehm kühl.

Meine Stirn ist angenehm kühl.

Meine Stirn ist angenehm kühl.

ICH BIN GANZ RUHIG UND FÜHLE MICH WOHL

Zum Abschluss folgt die Rücknahme, wie oben beschrieben.

Für einen Einstieg in das autogene Training ist es hilfreich, wenn die Suggestionen von einem Trainer oder einem Tonträger laut vorgelesen werden und der Übende sich voll und ganz auf seinen Körper und die Umsetzung der Suggestionen fokussieren kann. Sie können selbstverständlich auch selbst ein autogenes Training Ihrer Wahl auf einen Tonträger aufnehmen und für Ihr Training abspielen. Dabei ist es wichtig, dass Sie langsam sprechen und ein paar Sekunden Pause zwischen den einzelnen Sätzen lassen. Doch auch hier gilt natürlich: Probieren Sie aus, was sich für Sie am besten anfühlt. Übrigens ist es für viele Übende sehr hilfreich, den Einstieg in eine Session des autogenen Trainings über eine kleine Mediation oder Atemübung zu finden. Probieren Sie es einfach aus.

MEDITATION

Der Begriff Meditation (im Lateinischen: „nachdenken, nachsinnen, überlegen, in die Mitte finden") bezeichnet verschiedene Formen von Geistesübungen, die seit Jahrtausenden Bestandteil vieler Religionen sind. Vor allem im Buddhismus nimmt die Meditation eine sehr wichtige Stellung ein, denn gemäß der Überlieferung hat der historische Buddha, Siddhartha Gautama, der um 500 vor Christus in Indien lebte, seine „Erleuchtung", also die tiefen Einsichten, die ihn zur Befreiung von allem Leid geführt haben, durch die Meditation erlangt. Bei der Meditation geht es im Wesentlichen darum, sein eigenes Bewusstsein zu erkunden.

> *„Bei der Meditation geht es nicht um den Versuch, irgendwohin zu gelangen. Es geht darum, dass wir uns selbst erlauben, genau dort zu sein, wo wir sind, und genauso zu sein, wie wir sind, und das auch der Welt zu erlauben, genauso zu sein, wie sie in diesem Augenblick ist"*
>
> (Jon Kabat-Zinn)

Mit Bewusstsein ist dabei die Gesamtheit unserer subjektiven Erfahrungen in Form von Empfindungen, Gefühlen, Wahrnehmungen, Gedanken, Vorstellungen etc. gemeint. Dieses Bewusstsein, das es in der Meditation zu erkunden gilt, ist das Ergebnis unserer biologischen, kulturellen und individuellen Entwicklung.

Und obwohl es also etwas ist, was uns steuert und was in uns – meist unbewusst – gereift ist, entscheiden letztlich wir selbst über die Inhalte und Aktivitäten unseres Bewusstseins. Das Ausmaß der bewussten Entscheidung variiert dabei je nach Ausmaß der persönlichen Bewusstheit. Um diese Bewusstheit gezielt zu schulen, bietet uns die Mediation eine hervorragende Möglichkeit, indem sie uns befähigt, unsere körperlichen und geistigen Prozesse immer deutlicher wahrzunehmen.

Mittlerweile gibt es eine Vielzahl an Studien, die alle zeigen, welche positiven Effekte die Meditation mit sich bringen kann, darunter beispielsweise die Überwindung von Ängsten und Panikstörungen, Depressionen, die Reduktion von Schmerzempfindlichkeit, die Minderung von Schlafproblemen sowie die Verlangsamung des Alterungsprozesses. Meditieren ist grundsätzlich in jeder Körperhaltung möglich, sehr bekannt ist der Schneider- oder Lotossitz, da dieser vom Buddha praktiziert wurde, der auch ein erfahrener

Yogi war. Für uns Menschen der westlichen Welt ist dieser Sitz teilweise gar nicht so bequem, deshalb schauen Sie einfach, in welcher Haltung Sie gut sitzen, hocken oder auch liegen können.

Wichtig ist, dass die gewählte Haltung von Ihnen über einen längeren Zeitraum problemlos einzunehmen ist und Sie aufmerksam und wach bleiben können. Heute gibt es eine Vielzahl an ganz unterschiedlichen Meditationstechniken, die grob unterteilt werden können in aktive und passive Meditationsformen. Die passiven Meditationen werden in Stille in einer ruhigen Haltung durchgeführt. Dazu gehört beispielsweise die im Westen sehr bekannte sogenannte Ruhe-Meditation, bei der die absolute Stille im Mittelpunkt steht. Bei den aktiven Meditationsformen wird eine meditative Haltung mit verschiedenen Tätigkeiten verknüpft, wie Gehen, Tanz, Malerei oder auch Körperübungen.

Was alle Meditationstechniken miteinander verbindet, ist der spezielle Bewusstseins-Fokus auf ein gewähltes Objekt des Meditierenden anstelle des in der Literatur des Buddhismus sogenannten „Affengeistes". Damit ist der aktive, denkende Verstand gemeint, der von einem Gedanken zum nächsten springt und dem wir außerhalb der Meditation häufig unsere volle Aufmerksamkeit geben.

Bei der Meditation wird eine übergeordnete Haltung eingenommen, in der alle Vorgänge des Geistes bewusst wahrgenommen werden, ohne sich jedoch automatisch in diesen zu verlieren. Und so wird eben auch das Denken unseres Verstandes in der Meditation nur als ein Vorgang beobachtet und registriert, ohne diesem die volle Aufmerksamkeit zu schenken.

Vielmehr ist es sogar so, dass Sie während der Meditation, immer dann, wenn Sie von Ihren Gedanken davongetragen werden, sich selbst, sobald Sie dies bemerken, wieder sanft zurück in die beobachtende Rolle bringen. Das wohl am weitesten verbreitete Hindernis bei der Meditationspraxis ist die Tatsache, dass es uns meist nur sehr kurz gelingt, unsere Aufmerksamkeit fokussiert (auf einem Objekt) zu halten.

Umgang mit dem Hindernis des gedanklichen Abschweifens

Wir bemerken unser Abschweifen und kehren sanft zum Meditationsobjekt zurück. Je öfter Sie meditieren, umso länger werden die Phasen werden, in denen Sie nicht abschweifen. Deshalb kann es sehr hilfreich sein, sich eine Dauer der Meditation vorzunehmen, diese mithilfe eines Timers festzulegen und diese gewählte Zeit – am Anfang können Sie mit ein paar Minuten starten – durchzuhalten. Dadurch lernen Sie, beziehungsweise Ihr Verstand, der sehr wahrscheinlich unruhig werden wird und in Gedanken abschweifen möchte, dass es auch eine andere Möglichkeit gibt, als den aufkommenden Gedanken immer zu folgen.

Nämlich das sanfte Beobachten der aufkommenden Gedanken – ohne sich jedoch in diesen zu verlieren und sich automatisch von ihnen davontragen zu lassen. Am Anfang kann es hilfreich sein, zum Beispiel Ihre Atemzüge während der Meditation innerlich zu zählen. Damit halten Sie Ihren Verstand beschäftigt, sind aber trotzdem zu einem hohen Grad aufmerksam und fokussiert auf einer Ebene über Ihren Gedanken. Zudem bemerken Sie ein gedankliches Abdriften durch das Zählen schneller und können so schneller ganz bewusst zu Ihrem Meditationsfokus zurückgehen.

Eine weitverbreitete Methode für den Einstieg in die Meditationspraxis ist die Verbindung von Atem und Wort in einer Meditation. Dabei werden Meditationssilben im Rhythmus der Atmung verwendet, beispielsweise „OM" (der Laut OM kommt aus dem Sanskrit und gilt als Symbol für den Urklang des Universums). Sie können auch ein selbst gewähltes Wort verwenden, mit dem Sie beispielsweise die Qualität, die

Sie in der Meditation verwirklichen, beschreiben, beispielsweise „FRIEDEN" oder „RUHE".

Übung: Atem und Wort verbinden – die OM-Medita-
tion

Bringen Sie sich in Ihre gewählte Meditationshaltung
und legen Sie die Dauer der folgenden Meditation fest,
beispielsweise 5 Minuten.

Atmen Sie nun ein paar Mal tief ein und aus und beginnen Sie dann, mit der Ausatmung die Silbe „OM" zu
tönen. Dies können Sie entweder laut aussprechen,
leise flüstern oder aber sich auch innerlich vorsagen.
Atmen Sie wieder tief ein und tönen Sie beim Ausatmen wiederum das „OM" auf die von Ihnen gewählte
Weise.

Atmen und tönen Sie nun so weiter. Das ist der Fokus
Ihres Bewusstseins, alles, was dazu auftaucht, behan-
deln Sie wie oben beschrieben: Sie nehmen es wahr
und kehren sanft zu dem Einatmen und ausatmenden
Tönen des „OM" zurück.

Bleiben Sie dabei, bis die von Ihnen gewählte Zeit vo-
rüber ist.

Bei der ganz klassischen Stille-Meditation (auch Ruhe-
Meditation genannt) richten Sie Ihren Fokus einzig

und allein auf die Stille und Ihre – körperlichen und geistigen – Reaktionen, die Sie in dieser Stille erfahren werden.

> **Übung:** <u>die klassische Stille-Meditation</u>
>
> Bringen Sie sich in Ihre gewählte Meditationshaltung und legen Sie die Dauer der folgenden Meditation fest, beispielsweise 5 Minuten.
>
> Atmen Sie ein paar Mal tief ein und aus und konzentrieren Sie sich auf Ihren Atem. Er ist sozusagen der Anker, der Sie vom Außen und den Aktivitäten dort hinein in die Stille in Ihrem Inneren bringt.
>
> Atmen Sie nun tief ein – und nehmen Sie die kurze Stille nach dem Einatmen wahr.
>
> Atmen Sie nun tief wieder aus – und nehmen Sie die kurze Stillt nach dem Ausatmen wahr.
>
> Atmen und spüren Sie nun so weiter, bis das Ende Ihrer Meditationszeit erreicht ist.

Eine wichtige Grundhaltung jeder Meditationspraxis ist die sogenannte <u>Absichtslosigkeit</u>. Wir Menschen neigen dazu, uns etwas vorzunehmen (beispielsweise zu meditieren), damit ein Ziel zu verbinden (beispielsweise, uns durch die Meditation besser, entspannter, fokussierter etc. zu fühlen) und dann mehr oder weniger verbissen an diesem Ziel zu arbeiten (beispielsweise meditieren wir dann sehr häufig und warten gespannt auf die eintretende Wirkung).

Bei der Meditationspraxis ist gerade diese ehrgeizige und erfolgsorientierte Haltung ein Hindernis. Eine Meditation sollte immer absichtslos sein. Versuchen Sie, sich der Meditation auf spielerische, leichte Weise zu nähern und sich bewusst für den Prozess der Meditation – unabhängig von eventuell auftretenden Ergebnissen oder Hindernissen – zu entscheiden.

Eine Meditation kann überhaupt nicht „erfolgreich" oder „gescheitert" sein, diese Bewertungen existieren in der Meditationspraxis nicht. Genießen Sie die Meditation als eine reine JETZT-Zeit, die Sie mit sich ganz allein verbringen, als ein Geschenk an Sie selbst. Probieren Sie es aus!

DIE WIRKUNG DER UMGEBUNG: DÜFTE UND FARBEN

Bereits seit Jahrtausenden wissen Menschen, dass Düfte eine wichtige Wirkung auf den menschlichen Organismus haben. Dieses Wissen ist allerdings für einige Zeit in Vergessenheit geraten.

Im Jahr 1937 hat der französische Chemiker René-Maurice Gattefossé den Begriff der „Aromatherapie" etabliert, als dessen Begründer er zählt. In einem ganzheitlichen Sinn besteht die Aromatherapie aus der äußerlichen (Riechen oder Massage) und inneren Anwendung (Einnahme) von Düften beziehungsweise den Essenzen, denn wenn wir von Düften sprechen, ist eigentlich die Essenz gemeint, also der konzentrierte Duftstoff einer Pflanze, der durch Destillation aus den Blüten und Blättern der entsprechenden Pflanzen gewonnen und dann als ätherisches Öl verwendet wird.

Vor allem die innere Anwendung sollte in Begleitung eines Aromatherapeuten durchgeführt werden. Die äußerliche Anwendung von Düften kann ebenfalls sehr wirkungsvoll mithilfe einer Aromatherapie durchgeführt werden, eignet sich allerdings mit den richtigen Tipps auch sehr gut für den eigenständigen Hausgebrauch – vor allem für die persönliche Entspannung.

Düfte beziehungsweise Essenzen haben einen ganzheitlichen Einfluss auf unser psychisches Gleichgewicht, indem sie sich unmittelbar auf unser Gehirn auswirken und so auf die psychischen und physischen Vorgänge in unserem Körper einwirken. Wenn wir also einen Duft bewusst wahrnehmen, sprich riechen, haben die Duftstoffe unser limbisches System erreicht, also den Teil im Gehirn, mit dem wir fühlen. Dort sorgen sie für die Ausschüttung von neurochemischen Stoffen, durch die sie Emotionen, Erinnerungen oder sogar körperliche Reaktionen hervorrufen können.

Sie kennen bestimmt das Phänomen, dass Sie einen Geruch aus Ihrer Kindheit wahrnehmen (zum Beispiel einen frisch gebackenen Apfelkuchen) und Emotionen aus den jeweiligen Situationen Ihrer Kindheit (zum Beispiel den Besuchen bei Ihrer Oma) daran geknüpft sind.

Düfte sind also merklich in der Lage, Emotionen hervorzurufen. Über verschiedene ätherische Öle können wir uns diese Funktion von Düften für unsere Entspannung wunderbar zunutze machen, indem wir Duftstoffe wählen, die in unserem limbischen System schmerzlindernde Botenstoffe und Endorphine ausschütten und so unsere Stimmung aufhellen und eine entspannende Wirkung auf unseren Organismus ausüben.

Für die Anwendung zu Hause empfehle ich Ihnen, verschiedene ätherische Öle (oder Mischungen aus dem Handel) auszuprobieren, um festzustellen, welche davon Sie persönlich am besten entspannen. Die äthe-

rischen Öle können Sie ganz leicht über eine Duft-
lampe oder einen sogenannten Aroma-Diffuser als
Raumduft in Ihre vier Wände bringen und sie einfach
bei verschiedenen Gelegenheiten – auch gern in Kombination mit anderen Entspannungstechniken – aus-
probieren.

Erhältlich sind die ätherischen Öle beispielsweise
in Reformhäusern oder bei Online-Versandhändlern.
Wichtig für die optimale Wirkung ist eine reine Form
der Essenzen ohne unnötige Zusatzstoffe. Übrigens
nehmen wir auch in unserem Alltag teilweise ganz unbewusst verschiedene ätherische Öle auf, beispielsweise bei dem Riechen von Blütenblättern oder der
Verwendung von Gewürzen im Essen. Folgende Essenzen haben nachweislich eine sehr gute entspannende
Wirkung. Wie immer gilt aber natürlich: Probieren Sie
es selbst aus und entscheiden Sie sich für die Düfte, die
Ihnen am meisten zusagen.

DER Entspannungsduft überhaupt ist Lavendel

Lavendel-Öl enthält Linalool und wirkt auf unseren
Organismus beruhigend, indem es die Ausschüttung
von Melatonin, dem sogenannten „Schlafhormon", das
der Mensch normalerweise in der Dunkelheit und im

Schlaf ausschüttet, erhöht. Außerdem regt der Lavendelduft den Parasympathikus an, was automatisch zu Entspannungsreaktionen im Körper führt.

Weitere Düfte, die nachweislich eine entspannende Wirkung haben

- Kamille
- Mandarine
- Ylang-Ylang
- Melisse
- Bergamotte

Ebenso, wie Düfte einen Einfluss auf die Wirkungsweise unseres Gehirns haben, üben auch farbliche Reize, die wir wahrnehmen, einen Einfluss auf unser Befinden aus. Dabei ist die Farbe keine Eigenschaft eines Objekts, sondern lediglich ein Sinneseindruck, der entsteht, wenn Licht auf die Netzhaut trifft.

Das Licht, welches von beispielsweise einer Blume reflektiert wird, wird durch die Linse des menschlichen Auges auf die Netzhaut geleitet und veranlasst Rezeptoren, also spezielle Sensoren auf der Netzhaut, zu einer Nervenerregung, die dann zum Gehirn geleitet wird. So entsteht in unserem Gehirn ein Farbeindruck, der dann auf verschiedene Art auf unser Gesamtbefinden wirkt. Zum einen ruft eine Farbe eine Assoziation hervor (zum Beispiel rot = Feuer), also eine Vorstellung oder Erinnerung. Ebenso kann der Anblick einer Farbe auch Gefühle hervorrufen (zum Beispiel rot = Gefahr). Diese Assoziationen sind teilweise individuell geprägt durch unsere Erfahrungen. Allerdings lösen Farben auch automatische, unbewusste Reaktionen und Assoziationen aus, die angeboren und grundsätzlich bei allen Menschen gleich sind.

Diese Wirkungen von Farben können Sie sich nun natürlich auch für Ihre persönliche Entspannung zunutze machen, indem Sie sich gezielt mit den passenden Farben umgeben.

Verschiedenen Farben werden spezielle Wirkungen auf den menschlichen Organismus zugesprochen

ROT: Wirkt anregend, leistungssteigernd

ORANGE: Fördert Freude, Kreativität und Selbstbewusstsein

GELB: Wirkt aktivierend auf den Geist und vertreibt Müdigkeit und düstere Stimmung, hemmt Angstgefühle

GRÜN: Fördert innere Harmonie, Gesundheit und ver-
hilft zu Entspannung und innerem Wohlbefinden
BLAU: Unterstützt Entspannung, guten Schlaf und
hilft, Ängste zu lindern

In der Farbtherapie wird mit verschiedenen Methoden
gearbeitet: der Bestrahlung mit farbigem Licht, dem
Tragen von farbiger Kleidung, der Platzierung von Farben in der Wohnung oder auch der Aufnahme von
Nahrung in den benötigten Farben. Ebenfalls hat auch
die imaginative Verwendung von Farben, beispielsweise bei Farb-Meditationen, also dem Vorstellen einer
Farbe mit geschlossenen Augen als Meditationsobjekt,
bei vielen Menschen eine deutlich spürbare Wirkung.
Experimentieren Sie gern mit verschiedenen Farben
und Methoden und schauen Sie, was Ihnen gefällt und
zu Ihnen und Ihren Bedürfnissen passt.

Die Kraft der Intention

Sie haben nun einen Einstieg in das Thema Entspannungstechniken gemacht, wissen, was Stress eigentlich mit dem menschlichen Körper macht, kennen Ihre eigenen Stress-Fallen und haben in ein paar Entspannungsmethoden hineingeschnuppert.

Ich hoffe, Sie haben dabei eine oder auch mehrere Methoden gefunden, die sich für Sie richtig gut anfühlen, und haben nun Lust und die Motivation, diese Entspannungspraxis weiter zu vertiefen. Dabei ist es wichtig, regelmäßig kleine Entspannungseinheiten – im

Einklang mit Ihren persönlichen Bedürfnissen – in Ihren Alltag einzubauen. Das hat meist eine effektivere und nachhaltigere Wirkung als ein langes Durchhalten und Ausharren im Stressmodus, das dann mit einer längeren Entspannungseinheit ausgeglichen werden soll.

Sehr wichtig beim Praktizieren ist eine offene, positive Grundeinstellung und eine Erlaubnis, eventuell gepaart mit einer klaren Intention, die Sie sich selbst mit auf den Weg Ihrer Entspannung geben können. Mit Intention ist hier kein Ziel im klassischen Sinne gemeint, sondern viel mehr ein liebevoller Fokus, den Sie bewusst einnehmen und mit dem Sie in Ihre Übungspraxis hineingehen, beispielsweise „In der folgenden Meditation erlaube ich mir, mit meinem Bewusstsein ganz bei mir zu bleiben, um meinen Geist von den Anspannungen des bisherigen Tages zu lösen".

Geben Sie sich selbst Ihr Einverständnis, in der für Sie folgenden Entspannungszeit alle Reaktionen Ihres Körpers und Geistes, die sogenannten positiven und auch die negativen, zuzulassen. Erlauben Sie sich, Ihre Zeit mit sich selbst dabei einfach zu genießen. Mithilfe Ihrer klaren persönlichen Einwilligung und einer damit verbundenen Intention, die Sie mit der von Ihnen gewählten Übungen verbinden, wird es Ihnen leichter fallen, Ihr Bewusstsein auf die gewünschten Wirkungen zu fokussieren und offen für das zu sein, was dabei passiert. Aber Vorsicht: Tappen Sie dabei nicht in die Falle, ein Ziel anzustreben und sozusagen darauf hin zu „arbeiten".

Das steht, wie wir ja wissen, einer Entspannung geradezu im Wege. Laden Sie sich selbst stattdessen freundlich und liebevoll ein, sich nun mithilfe der von Ihnen gewählten Methode zu entspannen, zu fokussieren, mehr Klarheit zu erhalten – oder welche Intention Sie für sich formulieren möchten.

Laden Sie sich selbst ein, die positiven Wirkungen auf Ihren Organismus zu genießen und zuzulassen und erlauben Sie sich selbst auch, dabei in keinerlei Weise perfekt oder fehlerfrei üben zu müssen. Das ist ja bekanntermaßen – vor allem bei Entspannungstechniken – weder möglich noch nötig. Es kann aber sehr hilfreich sein, sich dies vor jeder Praxis noch einmal ganz klar zu verdeutlichen, um nicht automatisch Ihre Entspannungsübung, wie Ihre anderen täglichen To-dos, im klassischen Sinne „abzuarbeiten". Sollten Sie vor dem Beginnen der Entspannungsübungen gar keine Lust oder Motivation verspüren anzufangen und hören Sie Ihre innere Stimme so etwas sagen wie „Nein, heute geht es einfach nicht. Ich habe keine Zeit und keine Ruhe für eine Entspannungsübung" oder „Das bringt bei mir doch sowieso nichts. Ich kann einfach nicht still sitzen" oder auch „Entspannen kann ich mich erst, wenn ich alles andere erledigt habe" – oder was auch sonst immer auftauchen mag, nutzen Sie diese inneren Einwände direkt im Sinne des meditativen Umgangs mit Hindernissen: Hören Sie hin, was die innere Stimme Ihnen sagt, lassen Sie es da sein, beobachten Sie sich selbst mit diesen Gedanken und: TUN SIE ES TROTZDEM!

Laden Sie Ihre innere Stimme (bei vielen auch bekannt als innerer Schweinehund oder innerer Kritiker) vielleicht sogar ein, einfach mitzumachen. Unterdrücken Sie sie nicht, seien Sie milde und liebevoll – und: TUN SIE ES TROTZDEM!

> *„Denken Sie immer daran, dass es nur eine wichtige Zeit gibt: HEUTE. HIER. JETZT."*
> (Leo Tolstoi)

Herstellung und Verlag:

BoD – Books on Demand, Norderstedt

ISBN: 9783756222759

© Luisa Feldkamp 2022

1. Auflage

Kontakt: Psiana eCom UG/ Berumer Str. 44/ 26844 Jemgum

Covergestaltung: Fenna Larsson

Coverfoto: depositphotos.com